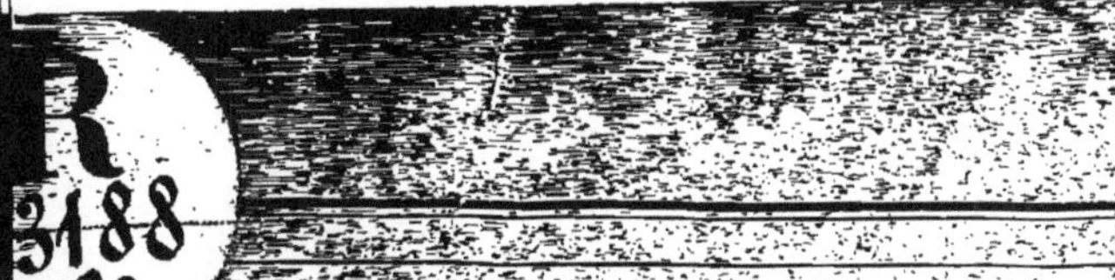

UNION DES FEMMES DE FRANCE

RECONNUE D'UTILITÉ PUBLIQUE



# STATUTS, DÉCRET

ET

# RÈGLEMENT

POUR LE FONCTIONNEMENT

DE

L'UNION DES FEMMES DE FRANCE

SIÈGE SOCIAL

PARIS

29, rue de la Chaussée-d'Antin, 29

UNION DES FEMMES DE FRANCE

RECONNUE D'UTILITÉ PUBLIQUE

# STATUTS, DÉCRET

ET

# RÈGLEMENT

POUR LE FONCTIONNEMENT

DE

L'UNION DES FEMMES DE FRANCE



SIEGE SOCIAL

PARIS

29, rue de la Chaussée-d'Antin, 29

LE PRÉSIDENT DE LA RÉPUBLIQUE FRANÇAISE,

Sur le rapport du Ministre de l'Intérieur,

Vu l'avis du Conseil d'Etat, du 17 Janvier 1876;

Vu la demande de reconnaissance légale formée au nom et en faveur de l'*Union des Femmes de France*, ayant son siège à Paris;

Vu les diverses pièces produites à l'appui de cette demande :

Vu le projet de Statuts de l'Œuvre;

Vu l'avis du Ministre de la Guerre;

Le Conseil d'Etat entendu,

DÉCRÈTE :

ARTICLE PREMIER. — Est reconnu comme Etablissement d'utilité publique : l'*Union des Femmes de France*, établie à Paris.

Sont approuvés les Statuts de l'Œuvre tels qu'ils sont annexés au présent décret.

ART. 2. — Le Ministre de l'Intérieur est chargé de l'exécution du présent décret.

Fait à Paris, le 6 août 1882.

*Signé :* JULES GRÉVY.

Par le Président de la République, le Ministre de l'Intérieur,

*Signé :* RENÉ GOBLET.

# STATUTS

*Adoptés par la Section de l'Intérieur, le 26 juillet 1882*

*Adoptés par le Conseil d'Etat, le 27 juillet 1882*

---

### ARTICLE PREMIER.

L'*Union des Femmes de France* a pour objet la préparation et l'organisation des moyens de secours, qui, dans toute localité, peuvent être mis à la disposition des blessés ou malades de l'armée française.

En cas de fléaux ou de désastres publics, la Société pourra offrir son concours aux autorités compétentes.

### ART. 2.

La Société se compose de Membres titulaires, auxiliaires et associés.

Les hommes ne peuvent être que Membres associés.

Les titulaires payent une cotisation annuelle dont le maximum est facultatif, mais qui ne peut être inférieure à 10 fr. par an.

Les Membres auxiliaires ne payent pas de cotisation, mais s'engagent à faire un service actif en temps de guerre.

Une rétribution pourra leur être accordée en cas de mobilisation.

Les hommes peuvent être admis à faire partie de l'Union à titre de Membres associés.

Les Membres associés payent la cotisation, à l'exception des médecins, qui sont, de droit, exempts de la cotisation.

### ART. 3.

Les titulaires ont, seuls, voix délibérative dans les Conseils et Assemblées de la Société.

### ART. 4.

La Société est administrée par un Conseil composé de 20 Membres au moins et de 30 Membres au plus, élus par l'Assemblée générale ; ce Conseil choisit parmi ses Membres cinq personnes qui forment le Comité de direction dont il sera ci-après parlé. Les Membres du Conseil d'administration sont nommés pour deux ans ; ils sont renouvelés annuellement par moitié.

Les Membres sortants sont désignés par le sort pour le premier renouvellement, et ensuite par voie d'ancienneté. Ils ont rééligibles.

ART. 5.

Le Conseil choisit parmi ses Membres une Présidente, deux Vice-Présidentes et une Secrétaire. Elles sont nommées pour une année, elles sont rééligibles. Le Bureau s'adjoindra un Secrétaire et un Trésorier, pris parmi les Membres associés.

ART. 6.

Le Conseil se réunit tous les trimestres, pendant les mois de février, mai, août et novembre. Il peut être convoqué extraordinairement par la Présidente ou par le Comité de direction.

Pour délibérer valablement, le Conseil doit réunir le tiers de ses Membres.

Nulle ne peut, au Conseil, voter par procuration.

Les délibérations sont transcrites sur un registre tenu au siège social et signé par la Présidente et la Secrétaire de la séance, laquelle est chargée de la rédaction des procès-verbaux.

ART. 7.

Le Conseil a pleins pouvoirs pour l'administration de la Société.

Il arrête les comptes annuels et les soumet à l'Assemblée générale des Sociétaires.

Il convoque cette Assemblée quand il le juge utile.

ART. 8.

Le Comité de direction se compose de cinq Membres nommés par le Conseil d'administration et choisis dans son sein.

Ses pouvoirs sont annuels : ils peuvent être renouvelés.

Le Comité de direction est chargé des affaires courantes de la Société et de l'exécution des délibérations du Conseil.

ART. 9.

Le Trésorier représente la Société en justice et dans tous les actes de la vie civile.

Les actions judiciaires seront exercées, au nom de la Société, par le Comité de direction ou par un agent délégué à cet effet.

ART. 10.

En dehors du Conseil fonctionnent cinq Commissions présidées chacune par l'un des Membres du Comité de direction, savoir :

Commission de Propagande,
Commission des Finances,
Commission de l'Enseignement pratique,
Commission du Personnel,
Commission du Matériel.

Les Commissions sont composées de dix personnes, proposées par chaque Présidente et choisies soit parmi les Membres du Conseil, soit parmi les dames titulaires. Leur nomination est soumise à la ratification du Conseil. Deux Commissaires choisis de la même manière parmi les Membres associés, pourront être Adjoints à chaque Commission.

ART. 11.

Par exception aux dispositions ci-dessus, la Commission de l'Enseignement pratique pourra étendre le nombre de ses Membres autant que les exigences du service le réclameront.

ART. 12.

La Société pourra former dans les départements des Comités qui, en se renfermant dans les limites des présents Statuts, jouissent de toute l'initiative nécessaire à leur action et à leur développement.

ART. 13.

Chaque Comité conservera l'intégralité des cotisations qu'il aura recueillies en réservant un droit de 10 °/₀ destiné à faire face aux frais généraux de la Société. La somme de ce droit sera versée, chaque année, au siège social.

ART. 14.

Aussitôt que ses ressources le lui permettront, chaque Comité devra réaliser l'acquisition d'une boîte de secours, déposée à la Mairie, et contenant un matériel de pansement aussi complet que possible.

ART. 15.

En cas de désastres publics, les Comités locaux aviseront immédiatement le Comité directeur de l'*Union des Femmes de France* qui statuera, s'il y a lieu, sur l'importance des secours à leur faire parvenir.

ART. 16.

L'Assemblée générale se compose des dames titulaires.

ART. 17.

L'Assemblée générale se réunit ordinairement dans le mois de mai de chaque année, et extraordinairement quand les besoins de la Société l'exigent.

Les convocations ont lieu par lettres indiquant l'objet de la réunion.

ART. 18.

Les ressources de la Société se composent :

1° Des cotisations des Membres titulaires et associés ;

2° Des sommes que les Comités de province doivent payer annuellement à la caisse sociale à raison de 10 °/₀ de leurs encaissements ;

3° Des dons, legs et autres libéralités dont la Société peut être l'objet ;

4° Du produit des conférences, fêtes, réunions, etc., organisées à son profit.

ART. 19.

Les délibérations relatives à l'acceptation des dons et legs et aux acquisitions seront soumises à l'approbation du gouvernement.

ART. 20.

Les modifications aux Statuts ne peuvent avoir lieu que sur l'initiative du Conseil d'administration ou sur la demande motivée de cent Membres titulaires.

Dans ce dernier cas, cette demande devra être adressée au Conseil deux mois avant l'Assemblée générale, à l'ordre du jour de laquelle elle sera inscrite.

Aucune modification ne peut être apportée aux Statuts sans l'approbation préalable du gouvernement.

ART. 21.

La dissolution de la Société ne pourra être prononcée que par une Assemblée générale extraordinaire convoquée à cet effet et à la majorité des Membres présents, cette majorité devant d'autre part être égale au tiers des Membres titulaires.

Cette majorité décidera de l'emploi à faire du reliquat des fonds, lesquels ne pourront être affectés qu'à un objet d'utilité publique.

La délibération relative à la dissolution de la Société et à l'emploi des fonds devra être approuvée par le gouvernement.

ART. 22.

Un règlement intérieur arrêté par le Conseil et approuvé par le Préfet détermine les dispositions de détails propres à assurer l'exécution des présents Statuts.

**Vu à la Section de l'Intérieur, le 26 juillet 1882.**

*Le Rapporteur,*

Signé : DU MESNIL.

**Ces Statuts ont été délibérés et adoptés par le Conseil d'Etat dans sa séance du 27 juillet 1882.**

*Le Maître des requêtes, faisant fonction de Secrétaire général du Conseil d'Etat,*

Signé : JULES VALLABRÈGUE.

MINISTÈRE DE LA GUERRE

# DÉCRET

## PORTANT RÈGLEMENT POUR LE FONCTIONNEMENT DE L'*UNION DES FEMMES DE FRANCE*

(Inséré au *Journal officiel* le 24 janvier 1887, p. 418).

Le Président de la République française,

Vu le décret du 6 août 1882, reconnaissant comme établissement d'utilité publique l'*Union des Femmes de France ;*
Vu le décret du 25 août 1884, portant règlement sur le service de santé de l'armée en campagne ;
Sur le rapport du Ministre de la guerre et du Ministre de la marine et des colonies.

Décrète :

Art. 1er. — L'*Union des Femmes de France* est autorisée à seconder, en temps de guerre, le service de santé militaire et à faire parvenir aux malades et blessés les dons qu'elle reçoit de la générosité publique.
Pour l'accomplissement de cette mission, elle est placée sous l'autorité du commandement et des directeurs du service de santé.
Le concours de cette Société ne peut être étendu ni au service de première ligne, ni aux hôpitaux d'évacuation, dont demeure exclusivement chargé le service de santé militaire.

Art. 2. — L'intervention de la Société est limitée au service du territoire. Elle peut consister :
1° A créer dans les places de guerre et les localités désignées par le Ministre de la guerre ou les généraux commandant le territoire, suivant le cas, des hôpitaux auxiliaires destinés à recevoir des blessés et des malades appartenant aux armées ;
2° A faire parvenir aux blessés les dons volontaires qu'elle a recueillis.

Art. 3. — Les hôpitaux auxiliaires dont il est fait mention à l'article précédent sont soumis, en ce qui concerne la surveillance administrative, l'exécution du service, la comptabilité, aux prescriptions des articles 156 à 168 du règlement du 25 août 1884 sur le service de santé de l'armée en campagne.

Art. 4. — Pour le contrôle et la transmission des dons mentionnés à l'article 2 ci-dessus, il est fait application des dispositions de l'article 171 du règlement du 25 août 1884 sur le service de santé de l'armée en campagne.

Art. 5. — En temps de paix, la Société adresse, tous les six mois, au Ministre de la guerre, un rapport destiné à lui faire connaître les moyens dont elle dispose en personnel et en matériel.

Art. 6. — Nul ne peut être employé par la Société s'il n'est Français ou naturalisé Français, et s'il n'est dégagé de toutes les obligations imposées par la loi du 27 juillet 1872 sur le recrutement de l'armée, et par la loi du 3 brumaire an IV sur l'inscription maritime.

Néanmoins, les hommes appartenant à la réserve de l'armée territoriale peuvent exceptionnellement, sur des autorisations nominatives données par le Ministre de la guerre, être admis à faire partie du personnel employé par cette Société. Les demandes d'autorisation concernant les hommes de cette dernière catégorie seront adressées, dès le temps de paix, au Ministre ; les autorisations accordées par le Ministre seront valables, même en cas d'appel de la classe à laquelle ils appartiennent.

Sont recrutés : les médecins traitants, parmi les docteurs en médecine ; les médecins aides, parmi les docteurs en médecine ou les officiers de santé ; les pharmaciens parmi les pharmaciens diplômés.

Art. 7. — La Société est représentée :

1° Auprès du Ministre de la guerre et du Ministre de la marine et des colonies, par la Présidente de la Société ;

2° Dans chaque région de corps d'armée où elle a des centres d'action, par un Délégué régional nommé par le Conseil supérieur de la Société, agréé par le Ministre de la guerre et accrédité par lui auprès du général commandant le corps d'armée.

Dans les 10ᵉ, 11ᵉ, 15ᵉ et 18ᵉ corps d'armée, les Délégués régionaux sont également accrédités auprès des vice-amiraux commandant en chef, préfets maritimes.

Art. 8. — Le personnel d'exécution, médecins, pharmaciens, comptables, etc., est exclusivement choisi par la Société, sous les réserves déjà indiquées à l'article 6 et sous la condition, pour les médecins, d'avoir été agréés par le Ministre de la guerre. Au début, et préalablement au fonctionnement du service, les différents Délégués régionaux et autres adressent aux autorités militaires un contrôle nominatif du personnel employé sous leurs ordres. Ils font connaître, au cours du service, les mutations qui se produisent.

Art. 9. — La Présidente de la Société est l'intermédiaire entre le Ministre de la guerre et la Société.

C'est à elle que sont adressées toutes les communications officielles ayant pour objet l'organisation générale du service de la Société.

Dès le temps de paix, le Ministre de la guerre lui fait connaître les parties du service à l'exécution desquelles la Société doit participer en cas de mobilisation.

Au cours des opérations, il lui fournit toutes les indications utiles à son fonctionnement.

Art. 10. — Les Délégués régionaux ne correspondent pas avec le Ministre ; ils s'adressent, par l'intermédiaire des Directeurs du service de santé, aux généraux commandant les régions de corps d'armée et, s'il y a lieu, aux vice-amiraux commandant en chef, préfets maritimes, pour toutes les affaires où l'intervention de l'autorité militaire ou maritime peut être nécessaire.

Ils fournissent, périodiquement, un rapport sur le fonctionnement du service dans leur circonscription.

Art. 11. — Le personnel de la Société est autorisé à porter le brassard institué en vertu de l'article 7 de la Convention de Genève, en date du 22 août 1864, dans les conditions déterminées par les règlements de ladite Société.

Les brassards sont exclusivement délivrés par le Directeur du service de santé de la région et revêtus de son cachet et du numéro de série de la région, sur la production du contrôle nominatif du personnel indiqué à l'article 8.

Il est délivré en même temps une carte nominative qui porte le même numéro que le brassard et qui est signée par le Délégué régional et par le Directeur du service de santé. Tout porteur de brassard doit être constamment muni de cette carte.

Art. 12. — Aucun établissement hospitalier ne peut être créé par la Société sans une entente préalable avec l'autorité militaire au sujet de l'importance à donner à l'établissement et du choix de son emplacement.

La fermeture d'un établissement reste soumise à la même formalité d'entente préalable.

Art. 13. — La Société se procure, pour chaque établissement qu'elle crée, le matériel nécessaire à l'exécution du service.

Toutefois, si l'organisation d'un établissement reconnu indispensable ne peut être effectuée faute de certaines ressources en matériel, l'administration de la guerre peut mettre exceptionnellement à la disposition de la Société, à titre de prêt, tout ou partie de ce matériel.

Dans ce cas, la Société demeure responsable du matériel prêté, dont il est dressé contradictoirement un inventaire évaluatif en triple expédition.

L'une de ces expéditions reste entre les mains du Délégué régional, la seconde est déposée dans les archives de l'administration militaire locale, et la troisième est adressée au Ministre de la guerre.

Art. 14. — Dans les localités où la Société crée des établissements hospitaliers, elle est tenue de fournir avec ses propres ressources les denrées et objets de consommation nécessaires au traitement des malades.

Par exception, si la Société desservait des établissements dans une place investie où les ressources lui feraient défaut, l'administration militaire pourrait lui fournir les denrées et objets de consommation reconnus nécessaires.

Ces fournitures, délivrées sur bons régulièrement établis et visés par le sous-intendant militaire, seraient effectuées contre remboursement par la Société dans la limite de ses ressources financières.

Art. 15. — L'autorité militaire détermine les catégories de blessés et de malades dont le traitement peut avoir lieu dans les établissements desservis par la Société.

Art. 16. — Les conditions de traitement des malades admis dans les établissements desservis par la Société, en ce qui concerne le régime alimentaire, les prescriptions et le fonctionnement du service intérieur, doivent, autant que possible, se rapprocher des règles fixées par le règlement sur le service de santé.

Le soin de régler cette partie du service appartient au Délégué régional ou à ses représentants.

Néanmoins, tous les établissements créés par la Société demeurent placés, au point de vue du contrôle et de la discipline, sous la surveillance de l'autorité militaire; au point de vue de l'hygiène et de l'exécution du service, sous celle du Directeur du service de santé de la région ou de son délégué.

Les obligations et les attributions des employés comptables des établissements desservis par la Société sont, en ce qui concerne les décès, les mêmes que celles des comptables des hôpitaux militaires.

Art. 17. — La Société reçoit de l'administration de la guerre, par journée de malades traités dans ses établissements, à titre de part contributive de l'Etat, une indemnité fixe de 1 franc.

Cette indemnité n'est pas due pour les journées de sortie par guérison.

La Société reste chargée de faire procéder à ses frais à l'inhumation des militaires décédés dans ses établissements, ainsi qu'à la célébration du service mortuaire.

Art. 18. — Les dispositions du présent décret sont, en tenant compte de la spécialité du service maritime, applicables dans les ports militaires, dans les colonies, ainsi que dans les pays étrangers pendant les expéditions maritimes.

Art. 19. — Le Ministre de la guerre et le Ministre de la marine et des colonies sont chargés, chacun en ce qui le concerne, de l'exécution du présent décret.

Fait à Paris, le 21 décembre 1886.

JULES GRÉVY.

Par le Président de la République :

*Le Ministre de la guerre,*

BOULANGER.

*Le Ministre de la marine et des colonies,*

AUBE.

# UNION DES FEMMES DE FRANCE

# REGLEMENT

Ce Règlement a été arrêté et voté par le Conseil d'administration dans sa séance du 2 décembre 1886, d'après le projet dressé par M. le Docteur P. Bouloumié, Secrétaire du Conseil, et sur le rapport fait par M. le Docteur Rochard, Membre du Comité consultatif, au nom d'une Commission composée de :

MM.

Blaisot, O. ⁂, Intendant général en retraite,

Durier, ⁂, Avocat à la Cour de Paris, Membre du Conseil de l'Ordre,

Grenier, G. C. ⁂, Général de division en retraite,

Jourde (Philippe), ancien Juge au Tribunal de Commerce de la Seine et Président du syndicat de la Presse parisienne,

Rochard, G. C. ⁂, Inspecteur général du service de santé de la marine, Membre de l'Académie de médecine,

Membres du Comité consultatif de l'*Union des Femmes de France.*

MM.

Lucien Henry, Avocat à la Cour, Commissaire-adjoint de la Commission de Propagande.

Le Docteur P. Bouloumié, ⁂, Secrétaire du Conseil, faisant fonction de Secrétaire général.

# RÈGLEMENT

TITRE Ier.

## RÈGLEMENT INTÉRIEUR

### CONSEIL D'ADMINISTRATION

ARTICLE PREMIER.

La Société est administrée par un *Conseil d'administration* composé de Membres titulaires, au nombre de trente.

Ce Conseil élit, au scrutin secret, 5 de ses Membres qui forment, avec la Présidente du Conseil d'administration, le *Comité de direction* dont il est parlé ci-après (art. 15).

Les Membres du Conseil d'administration élus au scrutin secret sont nommés pour deux ans ; ils sont renouvelés annuellement par moitié. Les Membres sortants sont désignés par le sort pour le premier renouvellement et ensuite par voie d'ancienneté. Ils sont rééligibles.

ART. 2.

*Les Membres du Conseil* sont nommés par l'Assemblée générale au scrutin de liste. — La liste des Membres titulaires à proposer aux suffrages de l'Assemblée est arrêtée par le Conseil d'administration.

Les noms des Membres proposés arrêtés par le Conseil sont inscrits sur une liste pouvant servir de bulletin de vote. Ces bulletins sont divisés verticalement en trois parties : la première portant les noms des Membres sortants, la deuxième portant les noms des Membres proposés, l'autre réservée à l'inscription facultative des noms des Membres titulaires autres que ceux proposés par le Conseil.

Une note inscrite au bas des bulletins porte : « Les noms proposés peuvent être remplacés sur le bulletin même par les noms des Membres titulaires quels qu'ils soient, mais de préférence par ceux des Membres mentionnés comme devant accepter les fonctions qui leur seraient conférées par le vote. » (Suivent les noms.)

Les Présidentes, Vice-Présidentes ou Déléguées des Comités de province peuvent assister aux séances du Conseil ; leurs noms ne sont pas soumis par le Comité de Paris à la formalité du scrutin.

ART. 3.

Le *Conseil* choisit parmi ses Membres une Présidente, deux Vice-Présidentes, une Secrétaire et les Directrices des cinq grands services de la Propagande, de l'Enseignement, des Finances, du Personnel et du Matériel, dont le fonctionnement est assuré par cinq Commissions correspondantes. Les Membres du Bureau et les Directrices sont nommées pour un an et sont rééligibles.

Il est adjoint au Bureau un Secrétaire et un Trésorier pris parmi les Membres associés.

Ils sont nommés par le Conseil pour deux ans et sont rééligibles.

ART. 4.

Les Membres titulaires ont seuls, dans le Conseil, voix délibérative ; les Membres associés, adjoints à titre de Secrétaire, de Trésorier, de Professeurs ou de Commissaires, n'y ont que voix consultative.

Les Présidentes, Vice-Présidentes et les Membres titulaires déléguées des Comités de province peuvent assister aux séances avec voix délibérative, mais il est entendu que chaque Comité de province ne peut, en aucun cas, prétendre à plus d'une voix dans les réunions du Conseil.

ART. 5.

Le *Conseil* se réunit en séance statutaire tous les trimestres pendant les mois de février, mai, août et novembre. Il peut être convoqué extraordinairement par la Présidente ou par le Comité de direction.

Il est spécialement convoqué pour la constitution du Bureau dans les huit jours qui suivent l'Assemblée générale.

Pour délibérer valablement, le Conseil doit réunir le tiers de ses Membres.

En cas d'absence de plus des deux tiers des Membres, une nouvelle convocation est faite à bref délai (deux à quinze jours, suivant l'urgence), et les décisions prises le sont valablement, quel que soit le nombre des Membres présents.

Nul ne peut, au Conseil, voter par procuration.

Les délibérations sont transcrites sur un registre tenu au Siège social et signé par la Présidente et la Secrétaire du Conseil, laquelle est chargée de la rédaction des procès-verbaux.

Les *Membres du Conseil* signent à chaque séance la feuille de présence, qui est annexée au procès-verbal.

ART. 6.

Les Membres qui, sauf le cas de force majeure, ont manqué à la moitié des séances statutaires d'une année, sont considérés comme *démissionnaires*.

ART. 7.

Le *Conseil d'administration*, lors de la réunion qui a lieu dans les huit jours qui suivent l'Assemblée générale, procède à la constitution de son Bureau et à l'élection des Directrices des cinq services : de Propagande, de Finances, de l'Enseignement, du Personnel et du Matériel.

ART. 8.

Le *Conseil d'administration* règle et contrôle d'une manière générale le fonctionnement des services de la Propagande, des Finances, du Personnel, du Matériel, des relations entre les divers Comités, des impressions et publications, de la distribution des insignes et récompenses, de la surveillance générale et, de concert avec la Commission de l'Enseignement pratique, le service de l'Enseignement.

Chacun des cinq grands services est spécialement dirigé par une Commission. (Voir art. 22.)

ART. 9.

Le Conseil d'administration du Comité de Paris nomme les employés du Siège central sur la proposition du Comité directeur, donne seul les délégations ou missions à remplir au nom de la Société tout entière et prend toutes les mesures intéressant l'ensemble de la Société.

ART. 10.

Dans la première séance qui suit l'Assemblée générale, la séance d'organisation du Bureau ou dans celle qui suit, le *Conseil* arrête le *Budget annuel* et vote toutes les dépenses.

Il détermine l'emploi et le placement des fonds sur les propositions de la Directrice des Finances et du Trésorier. Il détermine la mesure dans laquelle il y a lieu de faire des placements et de constituer des réserves en même temps qu'il arrête la nature des placements, qui ne doivent être faits qu'en rentes sur l'Etat français, obligations des compagnies de chemins de fer garanties par l'Etat, de la Ville de Paris ou d'autres villes, du Crédit Foncier de France.

Le Conseil veille à ce que, après prélèvement du 10 o/o pour la caisse de province dont il sera parlé ci-après et du fonds de roulement servant à pourvoir aux frais d'administration, il ne soit pas affecté plus de 20 o/o des ressources ordinaires de la Société aux secours à donner en vue des désastres publics, étant compris dans ces 20 o/o les 10 o/o versés dans la caisse de province ; 80 o/o de ces ressources devant toujours être mis en réserve en vue de la mobilisation immédiate des services de l'Union, en cas de guerre.

Le Conseil gère également, conformément à la destination indiquée par les donateurs, les fonds reçus par la Société avec affectation spéciale. Il n'autorise aucun prélèvement sur ces fonds, à moins qu'il n'y ait en caisse un reliquat après accomplissement intégral de la mission acceptée par lui.

Ce reliquat sera affecté par moitié à la réserve de l'Union et par moitié à la caisse des désastres publics, dans le cas où les sommes reçues auront été versées à l'occasion d'un désastre public; en totalité à la réserve, dans le cas où elles auront été versées à l'occasion d'une guerre.

ART. 11.

Une question ou proposition peut être portée à l'ordre du jour du Conseil soit par le Comité directeur, soit par trois Membres seulement du Comité directeur, soit par cinq Membres du Conseil, soit par dix Membres titulaires, soit par deux Membres du Comité consultatif, soit par trois Membres associés, Commissaires adjoints ou Professeurs.

Dans ces cinq derniers cas, la question ou proposition doit toujours être transmise, par écrit et signée, à M$^{me}$ la Présidente du Conseil et, sauf le cas d'urgence, avant la réunion du Comité de direction au cours de laquelle l'ordre du jour doit être établi.

En cas d'urgence, le Conseil peut être convoqué sans délai par M$^{me}$ la Présidente et appelé à statuer sans que les délais réglementaires aient été observés.

Les propositions d'urgence sont faites par la Présidente.

L'ordre du jour du Conseil portera toujours la mention : Toute proposition faite au Conseil doit être écrite et signée.

## COMITÉ CONSULTATIF.

ART. 12.

Le Conseil d'administration a recours aux lumières du *Comité consultatif* chaque fois que la majorité de ses Membres le jugent utile, et particulièrement pour des questions d'ordre général, telles que: Règlement, modifications importantes à apporter dans les services, etc.

Trois Membres du Conseil d'administration, désignés par un vote, assisteront avec le Comité directeur aux réunions du Comité consultatif.

Celui-ci peut toutefois se réunir en Comité secret.

Le Comité consultatif désigne son Président et son Secrétaire.

ART. 13.

**Organisation.** Les Membres du *Comité consultatif* sont choisis par le Conseil parmi les hommes qui, par leur savoir, leur expérience et leur situation, sont désignés pour remplir utilement ces fonctions. Ils sont proposés et nommés par le Conseil.

Le Conseil ne peut, toutefois, procéder à la nomination de nouveaux Membres de ce Comité qu'après avoir prévenu chacun des Membres du Comité en exercice, et, dans le cas où dans les quinze jours qui suit l'envoi de la proposition, il n'a pas été fait par eux d'objection à la nomination projetée.

Les Membres du Comité consultatif sont nommés pour cinq ans.

Ils sont rééligibles par le Conseil.

Tout Membre du Comité consultatif qui n'a pas répondu aux deux tiers des convocations ou questions qui lui ont été adressées pendant le cours de deux exercices peut être considéré comme démissionnaire.

### Art. 14.

Le Comité consultatif a, de plus que les attributions mentionnées ci-dessus (art. 12), la mission de faire inspecter par un ou plusieurs de ses Membres ou par un ou plusieurs Membres associés de l'*Union*, délégués à cet effet, tous les services de l'*Union*, tant à Paris qu'en province.

Chacun des Membres du Comité consultatif peut être spécialement et isolément consulté ou par le Conseil, ou par le Comité de direction, ou par la Présidente, sur les questions rentrant plus particulièrement dans la sphère de sa compétence.

Les Membres médecins du Comité consultatif sont appelés à présider les examens et les concours, à donner leur avis sur les nominations de professeurs, à prendre part à l'organisation des établissements de secours créés par l'*Union* et à en surveiller le fonctionnement.

## COMITÉ DE DIRECTION

### Art. 15.

La Présidente du Conseil, les deux Vice-Présidentes, les cinq Directrices, la Secrétaire du Conseil et le Secrétaire composent le *Comité de direction*.

Il est présidé par la Présidente du Conseil et, à son défaut, par la plus ancienne Vice-Présidente et a pour secrétaire la Secrétaire du Conseil.

Ses pouvoirs sont annuels, mais peuvent être renouvelés.

Le Secrétaire assiste aux séances avec voix consultative.

Le Trésorier peut y être convoqué.

### Art. 16.

Le *Comité de direction* se réunit tous les huit jours en séance ordinaire, au siège social.

Il doit, de plus, se réunir quinze jours avant les séances ordinaires du Conseil pour arrêter l'ordre du jour de celle-ci et faire qu'il soit communiqué assez tôt aux Membres du Conseil pour qu'ils aient le temps nécessaire à l'étude des questions qui devront être discutées.

Un compte-rendu de chaque séance est fait par la Secrétaire et lu au commencement de la séance suivante.

### Art. 17.

Attributions. Le *Comité de direction* veille à l'exécution des Statuts et Règlements et de toutes les décisions du Conseil. Il fait à celui-ci toutes les propositions qu'il juge utile de lui faire. Il est autorisé à prendre d'urgence les mesures indispensables au bon fonctionnement de la Société, sauf à les faire ratifier par le Conseil d'administration lors de sa plus prochaine séance ordinaire ou dans une séance extraordinaire spécialement convoquée à cet effet.

En cas de nécessité résultant soit de l'importance de la décision à prendre, soit de la divergence d'opinion des Membres constituant le Comité, il doit, si la demande en est faite par la moitié des Membres présents, convoquer extraordinairement le Conseil.

Il est, conjointement avec la Présidente et par délégation du Conseil, chargé des rapports avec les représentants de l'autorité civile ou militaire.

Il s'occupe d'une manière générale, des publications de la Société, de la rédaction et de la publication de son Annuaire, mais il délègue, pour ces objets, à un ou plusieurs Membres titulaires ou associés, le soin d'assurer leur bonne et rapide exécution.

Il dresse, le cas échéant, des listes de propositions pour des récompenses.

En principe, et sauf les exceptions prévues à l'article 10, toute proposition à la Société doit être préalablement soumise au Comité de direction, et le Conseil en est saisi après lui, afin que ses Membres aient le temps nécessaire pour l'étudier et fournir au Conseil les renseignements indispensables à la discussion de son objet et aux décisions qu'il croira devoir provoquer de la part du Conseil.

### Art. 18.

#### PRÉSIDENTE DU CONSEIL.

La *Présidente du Conseil* signe les convocations du Comité directeur, du Conseil d'administration et de l'Assemblée générale. Elle préside ces diverses réunions. Elle fait partie de droit de toutes les Commissions et de tous les Comités.

Elle signe au nom du Conseil et du bureau toutes les pièces intéressant la Société en général et contre-signe tous les actes des Commissions de la manière suivante :

*La Directrice de la Commission de*

XXX.

*La Présidente du Conseil d'administration,*

XXX.

Il n'est fait d'exception à cette règle que par décision spéciale du Comité directeur et spécialement en ce qui concerne certains actes de la Commission d'Enseignement, sur lesquels peuvent figurer, en outre de la signature de la Présidente du Conseil et de celles de la Directrice de la Commission, les signatures du Secrétaire ou du Directeur de la Commission médicale d'enseignement et des Membres des Jurys d'examens.

ART. 19.

SECRÉTAIRES.

La *Secrétaire du Conseil* a, sous l'autorité de la Présidente, la surveillance du personnel des bureaux. Elle est Secrétaire du Comité directeur.

Elle centralise les rapports qui lui parviennent des Commissions et prépare le rapport annuel du Conseil d'administration, qui est la synthèse de toutes les opérations de la Société pendant l'exercice écoulé.

ART. 20.

Le *Secrétaire* doit donner son concours au Conseil et à tous les Services. Il doit seconder en tout la Secrétaire du Conseil et notamment s'occuper de ce qui a trait à l'enseignement avec les Commissions d'Enseignement pratique et Médicale d'Enseignement.

Il doit se tenir à la disposition du Conseil pour l'organisation des moyens de secours et de la Commission de Propagande pour l'organisation des Comités de province.

Il doit être en mesure de fournir au Conseil, au Comité et aux Commissions tous les renseignements nécessaires à la solution de toutes les questions intéressant les secours et la bonne marche de l'œuvre, se tenir à la disposition de la Société pour organiser des services de secours en cas de guerre partout où il sera utile qu'il aille les organiser, et veiller à leur bon fonctionnement.

Il assiste avec voix consultative aux séances du Conseil et du Comité directeur.

Il peut assister aux séances des Commissions et y être spécialement convoqué. Le Secrétaire fera fonction de Secrétaire général et s'adjoindra un Secrétaire-adjoint.

ART. 21.

TRÉSORIER.

Aux termes des Statuts, le *Trésorier* représente la Société en justice et dans tous les actes de la vie civile, mais toujours, bien entendu, en exécution des décisions prises par le Conseil d'administration.

En outre de ces attributions, le Trésorier est appelé à donner son avis dans la préparation et la discussion des budgets et à seconder la Commission des Finances en tout ce qui concerne l'administration financière de la Société.

## COMMISSIONS.

ART. 22.

Chaque Commission est composée de la Directrice, Présidente, et de dix Membres titulaires de l'Œuvre désignés par le Conseil d'administration, sur la présentation de la Directrice. Le Conseil désigne, également sur la même présentation, une Directrice-adjointe, appelée à remplacer, au besoin, la Directrice.

Les Membres des Commissions peuvent être pris en dehors du Conseil.

A chaque Commission peuvent être adjoints deux Membres associés.

Par exception, la Commission de l'Enseignement pratique peut étendre le nombre de ses Membres adjoints, choisis parmi les médecins et pharmaciens, Membres associés de l'*Union*, autant que les exigences du service le réclameront.

Les Commissions sont nommées pour un an. Leurs Membres sont rééligibles.

ART. 23.

Les *Commissions* se réunissent aussi souvent que l'exigent les besoins du service et, au moins, tous les deux mois, au siège social, sauf à l'époque des vacances fixées par le Conseil.

Leurs Directrices font, tous les huit jours, au Comité directeur, un rapport sommaire sur la situation de leur service et, tous les ans, à la fin de l'exercice, lors de l'Assemblée générale, un rapport d'ensemble sur les opérations de leurs Commissions.

Un procès-verbal est dressé après chaque séance.

Chaque Commission a son budget spécial. Nulle ne peut, sans autorisation spéciale du Conseil d'administration, dépenser des sommes supérieures à celles qui sont inscrites à son budget.

ART. 24.

ribulions spéciales. La *Commission de Propagande* a pour mission de faire connaître l'Œuvre, de lui amener des adhésions, de provoquer l'organisation des Comités de province et de prendre toutes les mesures nécessaires pour assurer le développement et l'extension de la Société.

Elle organise tous les moyens de propagande ordinaires et de tous autres approuvés par le Comité directeur ou le Conseil d'administration.

Elle est chargée des relations avec les Comités de la province et des colonies.

Toutes les questions afférentes à la propagande doivent lui être soumises.

La Sous-Commission de Propagande de Paris est renouvelée chaque année.

ART. 25.

La *Commission des Finances* est, avec le Trésorier, chargée de toutes les opérations relatives aux finances de la Société.

Elle dresse le budget annuel et le présente au Conseil d'administration. Elle est saisie de toute question devant engager les finances de la Société en dehors des prévisions du budget, et le Comité directeur ou le Conseil ne peuvent être appelés à statuer que sur son rapport.

En cas d'urgence, et sur la demande du Conseil d'administration, du Comité directeur ou de la Présidente, la Directrice de la Commission peut trancher elle-même une questiou financière, mais toujours dans les limites les plus strictes, sauf à en référer le plus tôt possible à sa Commission.

Elle propose le traitement des employés.

Elle règle tous les comptes de la Société, y compris les dépenses faites par les autres Commissions, qui ne doivent délivrer que des bons.

Elle assure l'exécution de toutes les mesures financières votées par le Conseil.

Elle tient, en outre de ses livres de comptabilité, un registre des promesses de versement de fonds en cas de guerre (fonds éventuels), le tout suivant le règlement spécial sur la comptabilité des recettes et des dépenses. Un double de ces livres et registres doit rester au siège de la Société.

ART. 26.

La *Commission de l'Enseignement pratique* est chargée de tout ce qui concerne l'instruction, organisation de cours, choix de locaux, démarches auprès de l'administration, surveillance des élèves aux cours et dans les hôpitaux durant le stage.

Elle délègue une partie de ses pouvoirs à la *Commission Médicale d'enseignement*, composée de Membres associés, médecins ou pharmaciens, qui lui sont adjoints à titre de Commissaires ou de Membres du bureau de l'Enseignement.

Elle fournit les Délégués de l'Enseignement qui, dans tous les cours créés par l'*Union*, doivent favoriser par quelques répétitions l'instruction des élèves et les encourager à poursuivre l'obtention du diplôme d'infirmière-ambulancière.

La Directrice signe, avec le Secrétaire du Conseil ou le Président de la Commission Médicale d'enseignement, les cartes d'entrée aux cours et conférences.

ART. 27.

La *Commission du Personnel* est chargée :

1° De tenir un registre du personnel tout entier de l'*Union :* Membres honoraires, titulaires, auxiliaires ou associés, et d'y porter tous les renseignements nécessaires à l'emploi judicieux de chacun dans les services actifs de l'*Union*. Ce registre doit comprendre, en ce qui concerne les Membres auxiliaires, les noms et prénoms, date et lieu de naissance, domicile, état-civil, nombre et âge des enfants, aptitudes physiques, époques des vaccination et revaccination, aptitudes intellectuelles, titres, services rendus ;

2° De se tenir en rapport avec les Membres auxiliaires de l'*Union* et de fournir, à cet effet, des Déléguées chargées, avec les Délégués de l'Enseignement, de surveiller et d'encourager les élèves pendant leur période d'instruction, puis de se renseigner sur leur situation ultérieure et de les maintenir en relation avec la Société, dans les services de laquelle elles peuvent, d'un jour à l'autre, être appelées à prendre place ;

3° Elle est, de plus, chargée des rapports de l'*Union* avec les secourus ou avec leur famille. Elle doit, notamment, dresser un état des secourus demandant du travail, s'enquérir des besoins de chacun et leur faciliter les moyens d'obtenir, suivant les circonstances, soit du travail, soit des secours d'autres Sociétés charitables ou particuliers.

Elle pourra aussi être chargée de faire apprendre aux mutilés par suite de blessures de guerre un état dont l'exercice soit compatible avec leur situation physique.

Toutes les questions intéressant le personnel doivent lui être soumises.

ART. 28.

La *Commission du Matériel* est chargée de veiller à l'exécution des commandes, travaux, réparation et modification du matériel votés par le Conseil ou le Comité directeur et dans les conditions indiquées par eux.

Elle veille au bon état d'entretien du matériel de la Société et s'occupe de la lingerie en particulier. Elle organise le travail et veille à ce que les ouvrages de lingerie soient, autant que possible, exécutés au siège de l'*Union* et par ses Membres.

Elle procède à la réception des fournitures habituelles.

Elle met tout son zèle à provoquer la formation du matériel à réclamer éventuellement et s'emploie à obtenir pour cet objet des souscriptions qui sont centralisées dans un registre spécial fait en double expédition.

Elle propose au Conseil toutes les mesures à prendre en vue de l'augmentation ou l'amélioration du matériel.

Toute proposition concernant le matériel doit lui être soumise.

En cas d'urgence, la Directrice peut, sur la demande du Conseil, du Comité de direction ou de la Présidente, prendre telle mesure qui sera jugée indispensable, mais toujours dans les limites les plus strictes et à charge d'en référer le plus tôt possible à sa Commission.

ART. 29.

Sous-Commissions.

Des *Sous-Commissions* spéciales sont créées pour l'étude de certaines questions et l'application des décisions adoptées pour des objets particuliers.

Ces Sous-Commissions restent en relations avec la ou les

Commissions correspondant plus particulièrement à leur objet. Un Membre au moins de celle-ci doit, pour cela, faire partie desdites Sous-Commissions.

La Présidente du Conseil a le droit d'assister à leurs séances avec voix délibérative, le Secrétaire avec voix consultative seulement.

### Art. 30.

Une *Commission Médicale d'enseignement* fonctionne conjointement à la Commission de l'Enseignement pratique qui lui délègue une partie de ses pouvoirs. Elle est nommée par l'Assemblée des Professeurs qui a lieu tous les ans, après la clôture de l'exercice, au mois de mai, avant l'Assemblée générale de la Société. Les Membres de cette Commission sont nommés pour trois ans ; ils sont rééligibles.

Elle comprend : un Directeur, un Secrétaire et un nombre de Membres du corps enseignant variant de trois à cinq.

### Art. 31.

Une *Sous-Commission Médicale des secours,* composée de Membres titulaires pris dans la Commission du Personnel et des médecins Membres associés, est nommée tous les ans. Elle est chargée de secourir, dans les limites des attributions de la Société et des ressources mises à sa disposition par le Conseil d'administration, sur la proposition de la Commission des Finances, les victimes de la guerre et des désastres publics.

En cas de guerre, les services de secours sont organisés comme il est dit plus loin.

## ASSEMBLÉES GÉNÉRALES.

### Art. 32.

L'*Assemblée générale* se réunit ordinairement dans les mois de mai de chaque année, et extraordinairement quand les besoins de la Société l'exigent.

Les convocations sont faites huit jours au moins avant la réunion, au nom de la Présidente et par lettres indiquant l'ordre du jour et contenant le bulletin de vote des Membres titulaires.

Tous les Membres adhérents de l'*Union,* quel que soit leur titre, sont convoqués à l'Assemblée générale. Les titulaires ont seuls voix délibérative. La Présidente le rappelle à chaque Assemblée générale, avant qu'il soit procédé à un vote ou une élection.

Les Assemblées générales sont présidées par la Présidente du Conseil d'administration.

L'ordre du jour de l'Assemblée générale ordinaire comprend : 1° une allocution ou un rapport sommaire sur l'ensemble des opérations de la Société durant l'année écoulée ; 2° les rapports des Directrices des divers Services ; 3° l'approbation des comptes ; 4° la proclamation des noms des élèves reçues aux examens et la remise des récompenses aux lauréates ; 5° les questions que le Conseil d'administration aurait jugé à propos de porter devant l'Assemblée générale ; 6° le vote pour le renouvellement du Conseil.

Les Membres titulaires, qui ne pourraient assister à l'Assemblée générale, sont autorisés à voter par envoi à la Secrétaire, de leur bulletin mis sous enveloppe avec la mention : « Ceci est mon vote » et la signature.

L'enveloppe est déchirée par la Déléguée qui a la surveillance du scrutin et le bulletin est déposé par elle dans l'urne, après inscription du nom de la titulaire qui l'a envoyé.

## DISPOSITIONS GÉNÉRALES.

### Art. 33.

Tous les Services sont, d'une manière générale, centralisés au siège de la Société.

Tous les documents et correspondances intéressant la Société, reçus par les Membres du Conseil, du Comité de direction, des Commissions et par tous les Membres de la Société en général et, *à l'un de ces titres,* doivent être centralisés au siège de la Société et classés aux archives par M^me^ la Secrétaire du Conseil.

Il est fait de chaque pièce une copie certifiée conforme par M^me^ la Secrétaire du Conseil.

Cette copie est reproduite sur un copie-de-lettres spécial pour chaque Commission. L'original est classé et conservé dans le coffre de la Société ou tout au moins dans un placard fermé à clef. La copie manuscrite est à la disposition de M^me^ la Directrice du Service qu'intéresse le document. La copie reproduite au copie-de-lettres reste adhérente à celui-ci, au siège de l'*Union,* pour y être mise, le cas échéant, à la disposition des Membres du Conseil ou du Comité ou des personnes autorisées par ce dernier à consulter les archives.

Le copie-de-lettres et documents ne doit, pas plus que les originaux, être emporté hors des locaux de la Société

M^me^ la Secrétaire du Conseil a seule qualité pour autoriser. avec l'assentiment de M^me^ la Présidente, la communication des pièces et documents intéressant la Société.

Les copies manuscrites confiées aux Directrices doivent être rapportées au siège social quand celles-ci cessent leurs fonctions ; elles sont mises à la disposition des Directrices nouvellement nommées dès qu'elles prennent leur service.

### Art. 34.

Les *admissions* des Membres de l'*Union* sont prononcées par le Comité de direction sur la présentation du bulletin d'adhésion revêtu de la signature du nouveau Membre et de celle d'un Membre titulaire.

Les *radiations* ne peuvent être prononcées que par le Conseil d'administration, après enquête et rapport faits par le Comité de direction.

ART. 35.

La Société faisant appel au concours de tous dans l'intérêt de tous, reste absolument étrangère aux opinions politiques et religieuses de ses Membres et s'interdit toute discussion d'ordre politique ou religieux.

Elle ne saurait donc être engagée par les paroles ou les actes d'un de ses Membres, à moins, toutefois, qu'il n'ait parlé ou agi au nom de la Société en vertu d'une délégation spéciale du Conseil d'administration.

### ÉTRANGERS.

ART. 36.

Les étrangers peuvent faire partie de l'*Union des Femmes de France*. Ils ne peuvent être que Membres associés et ne peuvent être employés dans les Services actifs de la Société en temps de guerre.

---

# TITRE II.

# RÈGLEMENT EXTÉRIEUR.

### OBJET DE LA SOCIÉTÉ.

ART. 37.

L'*Union des Femmes de France* ayant pour objet la préparation et l'organisation des moyens de secours qui, dans toute localité, peuvent être mis à la disposition des blessés et malades de l'armée française, a pour mission de secourir les malades et les blessés pendant la durée de la guerre et pendant une période plus ou moins longue après la cessation des hostilités. Cette période est fixée par le Conseil d'administration, suivant les circonstances.

Elle doit, de plus, porter ou envoyer aux victimes des désastres publics des secours proportionnés à la gravité ou à l'étendue de ceux-ci.

ART. 38.

La Société est constituée *dans le cas de guerre* l'auxiliaire du Service de santé des armées de terre et de mer.

En cas de fléaux ou de désastres publics, elle peut organiser des Services de secours ou offrir son concours à ceux organisés par d'autres.

ART. 39.

Pour organiser ses moyens de secours, la Société emploie à Paris les Commissions dont il a été parlé ci-dessus, et, en dehors de Paris, les Comités de province dont elle doit tendre incessamment à augmenter le nombre et l'importance.

## COMITÉS DE PROVINCE.

ART. 40.

stitution. Les *Comités de province* ou départementaux font partie de l'*Union des Femmes de France* au même titre que le Comité de Paris. A la seule condition qu'ils se conforment aux Statuts adoptés par le Conseil d'Etat, ils peuvent modifier à leur gré le présent règlement ; il leur est néanmoins recommandé de s'y conformer autant que possible, afin surtout que l'unité de fonctionnement soit mieux assurée lors de la mobilisation des Services.

ART. 41.

tions avec le ège central. Les *Comités de province* correspondent avec le Comité de Paris par l'intermédiaire de la Commission de Propagande, et sont tenus régulièrement par celles-ci au courant de tout ce qui intéresse l'Œuvre en général.

Dans les localités où les adhérents à l'*Union* sont encore en trop petit nombre pour qu'il y soit constitué un Comité, un bureau provisoire correspond avec le Comité de Paris et au besoin les Comités de province au même titre que les bureaux des Comités constitués.

Les Comités de province font avec le Comité de Paris échange de règlements, rapports, annuaires et publications diverses.

Ils fournissent tous les ans, un mois avant l'Assemblée générale, un état de situation comprenant toutes leurs ressources en personnel, matériel et fonds.

Ils peuvent être inspectés annuellement par une délégation du Comité consultatif du Comité de Paris et du Service de santé militaire (voir art. 14 du règlement intérieur).

Ils doivent, tous les six mois, envoyer au Comité de Paris un rapport destiné à faire connaître l'état de leurs ressources, afin que le rapport d'ensemble, exigé tous les six mois par l'autorité militaire, put être régulièrement dressé et transmis.

Ils sont représentés dans chaque région de corps d'armée par un Délégué régional accrédité auprès du général commandant le corps d'armée. (Voir le décret, art. 7).

ART. 42.

*En temps de paix,* les Comités de province envoient au Comité de Paris 10 °/o du produit des cotisations. Le Comité de Paris, de son côté, prélève 10 °/o sur les sommes encaissées au même titre.

Ces sommes prélevées sur les cotisations de Paris et de la province forment le fonds de propagande et sont affectées aux frais de propagande et des subventions à des Comités ayant épuisé leurs ressources.

ART. 43.

Chaque Comité peut profiter du bénéfice de la *reconnaissance d'utilité publique* en se servant de l'intermédiaire du Conseil d'administration de Paris et du nom de la Société pour les contrats, les ventes et l'acceptation des dons et legs.

ART. 44.

Les Présidentes et Vice-Présidentes ou Déléguées des Comités de province peuvent assister aux séances du Conseil d'administration, avec voix consultative (voir art. 4 du règlement intérieur).

ART. 45.

Les Présidentes ou Déléguées des Comités de province peuvent être spécialement convoquées à Paris, pour prendre part aux délibérations du Conseil sur certaines grandes questions intéressant la Société en général.

ART. 46.

omités. Les Comités sont chargés de la préparation, de l'organisation et de la mise en œuvre des ressources que peuvent fournir les villes ou régions, sièges des Comités. Ils sont, en outre, chargés de la distribution des secours qu'ils peuvent fournir et de ceux qui leur sont adressés par le Comité de Paris et les autres Comités départementaux, en cas de guerre ou de désastre public.

Ils doivent se préoccuper tout particulièrement de s'assurer sur place la possession ou la disposition du personnel, du matériel et des fonds nécessaires à l'organisation immédiate des Services en cas de guerre et des engagements à réalisation éventuelle de service personnel, de cession de locaux et objets matériels de toute sorte et de versement de fonds.

Ces engagements ne doivent devenir exécutoires qu'en cas de guerre ou de calamité publique, ou en cas de guerre seulement, suivant les indications données par chaque souscripteur et sur invitation formulée par le Conseil, et transmise en son nom aux intéressés par la Présidente, d'une manière générale par la voie de la presse et particulièrement par lettres individuelles.

ART. 47.

*En cas de guerre*, les Comités de province, comme celui de Paris, doivent porter à la connaissance du commandement de la région l'état de leurs ressources et se mettre à sa disposition pour recevoir les malades et blessés qu'il lui conviendra de leur envoyer.

Chaque Comité organise ses Services, veille à leur bon fonctionnement et à leur liquidation, d'accord avec l'autorité militaire, qui doit toujours pouvoir exercer son contrôle sur tous les établissements ouverts au soldat et cela suivant les termes du décret de rattachement en date du 21 décembre 1886.

ART. 48.

*En cas de désastre public* survenu dans la circonscription d'un Comité, le bureau de ce Comité adresse d'urgence au Comité de Paris les renseignements les plus précis sur l'étendue du désastre et les besoins des victimes. Le Comité de Paris lui envoie immédiatement un premier secours et informe tous les Comités de province en leur communiquant les renseignements reçus du lieu du désastre et les priant d'envoyer directement des secours.

Si ceux-ci joints aux précédents sont insuffisants, le Comité local fait de nouveau appel au Comité de Paris.

ART. 49.

Tous les Comités doivent le plus tôt possible se procurer une boîte de secours. Cette boîte, du modèle de celle adoptée par le Comité de Paris, contenant les éléments de 150 à 200 pansements, est laissée à la disposition de tous les médecins, qui peuvent, en cas d'accident, y prendre ce qui leur est nécessaire, sauf à en informer immédiatement la Présidente ou la Directrice du matériel, afin que l'objet employé soit aussitôt remplacé.

Grâce à cette caisse et à celles des villes voisines, demandées au besoin, en cas d'urgence, un matériel de pansement d'une certaine importance se trouve constamment à la disposition des Comités.

---

## TITRE III.

## RÈGLEMENT POUR LE SERVICE
## EN TEMPS DE GUERRE.

---

### MOBILISATION DES SERVICES.

ART. 50.

En cas de guerre dans laquelle la France serait engagée, et

surtout si elle doit se faire à nos frontières, les Conseils d'administration, Comités de direction ou bureaux de tous les Comités de la Société sont réunis d'urgence par les Présidentes ou Vice-Présidentes, dès le jour ou le lendemain de la déclaration de guerre.

Ils siègent dès lors en permanence jusqu'à complète organisation des services de secours et se réunissent à dater de ce moment tous les huit jours au moins.

Les délégués se mettent immédiatement en rapport avec les commandants de corps d'armée auprès desquels ils sont accrédités.

ART. 51.

L'état de toutes les ressources est immédiatement fourni par les Directrices des divers services : à Paris, au Conseil d'administration ; en province, au Conseil d'administration, au Comité de Direction ou au Bureau en fonctions.

Une note est immédiatement rédigée et adressée aux journaux :

1° Pour informer que l'Union des Femmes de France organise ses services et fait appel au concours de tous ;

2° Pour faire savoir qu'elle va d'abord adresser à toutes les personnes ayant souscrit pour la livraison éventuelle de dons en argent ou en nature une invitation à tenir à la disposition de la déléguée de l'Union, qui se présentera avec une pièce signée de la Présidente ou de la Vice-Présidente et la Directrice des services des Finances et du Matériel, les fonds ou les objets promis ;

3° Pour faire savoir en quel lieu la Société concentre ses moyens de secours et organise ses établissements hospitaliers et prier chacun d'y faire transporter tout ce dont il peut disposer en faveur des blessés. (Les locaux désignés sont ceux qui, à l'avance, ont été désignés par l'autorité militaire, ou bien ceux qui ont été choisis par la Commission médicale d'Enseignement et les Membres médecins des Comités consultatifs, ou bien des baraquements en planches qu'il peut y avoir lieu de faire établir immédiatement en un point déterminé par ladite Commission assistée des mêmes Membres du Comité consultatif).

Le personnel médical et le personnel infirmier sont immédiatement informés et convoqués par la Présidente et la Directrice du Personnel.

## DIRECTION DES SERVICES DE SECOURS

ART. 52.

Un *Comité directeur des Établissements de secours de l'Union* est immédiatement constitué à Paris et dans les régions ou les villes désignées par le Conseil d'administration suivant les besoins signalés par l'autorité militaire.

Art. 53.

Dans chaque Comité constitué, les Directrices veillent à la prompte et scrupuleuse exécution de leurs services et prennent, avec l'assentiment de leur commission et du Conseil, toutes les mesures nécessaires pour qu'en huit jours des malades ou des blessés puissent être reçus.

Les approvisionnements en moyens de secours devront varier avec la nature des malades à soigner; il est bon de s'informer autant que possible du genre des malades que l'autorité militaire et le service de santé militaire de la région destinent à l'établissement de secours en voie d'organisation.

Art. 54.

Tous les établissements de secours créés dans une ville ou une région dépendant d'un même Comité sont généralement dirigés par le *Comité directeur des Etablissements de secours de l'Union* siégeant à Paris ou dans les localités désignées comme il est dit à l'art. 3.

Quand un seul établissement de secours est créé dans une ville ou région, il est dirigé par la Commission administrative dudit établissement, mais il se tient toujours en relation avec le *Comité directeur des Etablissements de secours de l'Union* le plus voisin ou celui de Paris.

Art. 55.

Le *Comité directeur des Etablissements de secours de l'Union* siégeant à Paris se compose de la Présidente, d'une Vice-Présidente, de la Secrétaire du Conseil, des Directrices des diverses Commissions, de cinq Membres du Conseil désignés par celui-ci, des diverses Directrices d'hôpital, de deux médecins (médecin et chirurgien autant que possible), d'un officier général ou supérieur des armées de terre ou de mer, d'un Intendant militaire ou d'un Commissaire de la Marine Membre du Comité consultatif, du Médecin le plus ancien de chaque Hôpital en formation ou déjà créé et du Secrétaire du Conseil.

Les Membres élus le sont par le Conseil d'administration.

Ce Comité directeur des Etablissements de secours est nommé pour toute la durée de la guerre.

L'organisation des Comités directeurs des Etablissements de secours de l'Union dans les localités désignées par le Conseil d'administration sera autant que possible conforme à celle qui est indiquée ci-dessus.

## HOPITAUX.

Art. 56.

Organisation. Tout *hôpital* créé par l'Union devra contenir 20 lits au moins, soit réunis dans un même local, soit répartis dans un groupe d'habitations voisines les unes des autres.

Les points les plus éloignés des centres de secours devront être spécialement réservés aux convalescents.

ART. 57.

Tout *hôpital* créé par la Société est placé sous la direction d'une *Commission administrative* composée comme il suit :

1° Une dame Membre titulaire, choisie en dehors de la Présidente, de la Secrétaire et des Directrices des divers Services, *Directrice d'hôpital, Présidente honoraire ;*

2° Le médecin le plus ancien, *Directeur ;*

3° Les médecins et le chirurgien attachés à l'hôpital, le plus jeune faisant fonctions de Secrétaire.

ART. 58.

Le *personnel médico-chirurgical et administratif* attaché à tout hôpital se compose de :

1° Une dame Membre titulaire de l'*Union, Directrice d'hôpital* et une *Sous-Directrice ;*

2° Un ou plusieurs médecins et chirurgiens et un pharmacien ;

3° Une Secrétaire choisie parmi les Membre titulaires ou auxilaires ;

4° Une Préposée à la lingerie et à la buanderie (Membre titulaire ou auxiliaire) ;

5° Une Préposée au service des vivres (approvisionnements, cuisine, distribution) ;

6° Un certain nombre de Membres titulaires, auxiliaires, et au besoin de gens de service, qui pourront être rétribués.

La composition de ce personnel pourra varier suivant le degré de concentration ou de dissémination de la circonscription de secours constituant l'hôpital. Elle sera réglée par la Commission administrative.

ART. 59.

(A) La *Directrice d'hôpital* est nommée par le Conseil d'administration et, dans les villes où il n'y a pas de Conseil d'administration organisé, par le Comité de direction ou le bureau qui en remplissent les fonctions.

Elle est nommée pour trois mois. Elle est rééligible.

Elle n'est révocable que par le Conseil d'administration.

(B) Les *Médecins, les Chirurgiens et le Pharmacien* sont nommés par le Conseil d'administration, sur la présentation des médecins Membres du Comité consultatif et de la Commission médicale d'enseignement, qui prend l'avis des médecins professeurs.

Les médecins désignés pour faire partie du personnel médico-chirurgical des hôpitaux de l'*Union* sont choisis parmi les Membres associés. La moitié au moins est prise parmi les médecins professeurs.

Dans l'hôpital, le plus ancien remplit les fonctions dévolues au médecin en chef dans un hôpital militaire. C'est lui qui règle le Service.

Les médecins et le pharmacien sont nommés pour trois mois ; ils sont rééligibles.

Ils ne sont renouvelables que par le Comité consultatif joint au Conseil d'administration.

(C) La *Secrétaire* est nommée par le Conseil, sur la présentation de la Commission administrative de l'hôpital. Elle peut être rétribuée. Elle est révocable par la Commission administrative si elle n'est pas Membre titulaire ; par le Conseil dans le cas contraire.

(D) La *Préposée à la lingerie et à la buanderie* est nommée par le Conseil si elle est Membre titulaire ; par le Comité de direction si elle est Membre auxiliaire, ou, si elle n'est pas encore Membre de l'*Union*, sur la présentation de la Directrice d'hôpital et de la Présidente du Personnel.

(E) La *Préposée aux vivres* est nommée comme la précédente.

(F) Les *Membres auxiliaires* pour le service des salles sont nommées par le Comité de direction, sur la présentation de la Directrice de l'hôpital et de la Directrice du Personnel.

(G) Les *gens de service* sont nommés par la Directrice d'hôpital.

Art. 60.

Attributions et devoirs du personnel.

La *Directrice d'hôpital* a la direction générale des Services administratifs et la surveillance générale de l'hôpital. Elle est chargée de veiller à l'exécution de toutes les décisions de la Commission administrative, de représenter la Société dans l'hôpital et d'être l'intermédiaire entre celui-ci et celle-là, de donner à tout le personnel placé sous sa direction l'exemple du dévouement aux malades.

Elle fait, tous les huit jours, un rapport écrit au Conseil d'administration sur le service dont elle est chargée.

Elle exerce ses fonctions sous le contrôle de la Commission administrative et du commandement, celui-ci ayant toujours le droit d'entrée et de surveillance dans tous les établissements ouverts aux soldats.

Le *médecin ou chirurgien* le plus ancien a la direction générale du service médico-chirurgical, sous le contrôle des médecins Membres du Comité consultatif, délégués et désignés par le Conseil d'administration et celui des Membres du service de santé militaire désignés par le commandement.

Il est chargé de la statistique et des rapports, ceux-ci devant être fournis tous les huit jours et plus souvent, s'il y a lieu, au Conseil d'administration, qui peut les soumettre au Comité consultatif ou à ses Membres délégués.

Les médecins et chirurgiens sont chargés d'assurer par eux-mêmes ou en s'adjoignant des aides, internes ou externes, le service médico-chirurgical de l'hôpital.

La *Secrétaire* est chargée, sous la surveillance de la *Directrice d'hôpital*, de la tenue de l'établissement hospitalier en général et plus particulièrement de la tenue des livres et registres.

Elle tient notamment le registre des entrées, celui des dépôts faits au magasin, les livres de comptabilité ; elle tient la caisse de l'hôpital. Elle établit les bons, qu'elle soumet au visa de la Directrice d'hôpital pour faire toucher chez la Présidente de la Commission des finances ou dans les lieux désignés par elle et contre sa signature.

Elle a le dépôt des billets d'entrée, des billets de salle et des feuilles diverses servant à l'établissement des certificats et des propositions, congés ou réformes, etc., etc.

Elle établit la situation journalière de l'hôpital et centralise tous les documents relatifs au personnel et au matériel.

Elle habite l'hôpital.

La *Préposée à la lingerie et à la buanderie* est chargée de la réception, de l'entretien, de la distribution du linge de ménage, de corps et de pansement. Elle veille à ce que le linge et les vêtements des entrants soient immédiatement lavés et désinfectés et leur soient, à leur sortie, rendus en parfait état de propreté et d'entretien.

Elle règle les entrées et les sorties de linge de la même manière, par la délivrance et la réception de *bons*.

Elle dispose séparément le linge neuf, en bon état de service et usé, le linge de ménage, de corps et de pansement. Elle évite absolument le contact du linge de menage et de corps avec le linge à pansement, même à la buanderie. Elle a soin que le linge ne conserve après le lavage ni odeur ni humidité.

Elle répare ou fait réparer toutes les pièces qui ne sont pas hors de service et ne donne, autant que possible, que du linge hors d'usage pour être débité en bandes, compresses ou lambeaux.

La *Préposée aux vivres* a pour mission de pourvoir dans les meilleures conditions possibles l'hôpital des approvisionnements nécessaires, de provoquer, avec l'appui de la Directrice du matériel, des dons d'objets de consommation, de veiller à la conservation de ceux qui sont en provision, de ménager les ressources sans faire des économies préjudiciables aux malades, de s'ingénier à donner aux prix des moindres dépenses la nourriture la plus saine et la plus variée aux malades, en ayant soin de la leur présenter sous la forme la plus appétissante possible et de veiller à ce que les distributions soient faites régulièrement et rapidement.

Les *Membres titulaires ou auxiliaires* attachées aux services des salles y remplissent les fonctions des infirmiers dans les hôpitaux militaires. — Elles ont, comme ceux-ci, des fonctions médicales et administratives.

Elles aident aux pansements ou les font, soit sous la direction des médecins, soit en leur absence, suivant leurs prescriptions.

Elles font boire et manger les malades couchés ou impotents ; elles leur font prendre les médicaments prescrits et leur donnent tous les soins que réclame leur état. Elles se mettent à leur disposition toutes les fois qu'ils demandent leur intervention.

Elles veillent à la propreté des malades et de leur linge, et assurent aussi la propreté des salles.

Elles peuvent être aidées et parfois suppléées par des gens

de service, hommes ou femmes, pour les gros onvrages, mais non pour tout ce qui a trait aux soins à donner aux malades.

L'une d'elles peut être dans chaque salle désignée comme première infirmière, et la plus méritante peut avoir dans l'hôpital le titre d'infirmière-chef.

Les *gens de service* sont à la disposition de la Directrice d'hôpital, qui leur assigne leur service.

Art. 61.

Organisation.

La rétribution à accorder aux auxiliaires est fixée par le Conseil. Toute auxiliaire régulièrement employée a droit à la rétribution. Celle des gens de service est fixée par la *Directrice d'hôpital*. Le payement en est effectué toutes les semaines après les quinze premiers jours de service, les appointements d'une semaine ou moins restant ainsi comme garantie des engagements pris jusqu'à leur libération.

Une somme équivalente à huit jours d'appointements peut néanmoins être donnée comme première mise si la personne employée en a un réel besoin.

Art. 62.

Toute personne engagée comme *infirmière-ambulancière* de l'*Union*, tout homme ou femme engagé par l'*Union* pour être employé dans ses hôpitaux, doit son service à l'*Union* pendant toute la durée du fonctionnement de l'hôpital. Si elle le quitte de son plein gré ou par suite de faute grave constatée par la Commission administrative, elle perd tout droit à la restitution de la retenue.

Celles, au contraire, qui ont fait un bon service reçoivent une médaille commémorative ou un certificat et peuvent recevoir en même temps une prime en argent.

## SECOURS RELIGIEUX.

Art. 63.

Des ministres des cultes reconnus par l'Etat, spécialement désignés par le Conseil d'administration, assurent aux malades et aux blessés, dans les services hospitaliers de l'*Union*, les secours de leur religion.

## INSIGNES.

Art. 64.

Il n'y a pas d'uniformes pour les Membres titulaires ou auxiliaires de la Société employés dans les hôpitaux. Le *brassard* délivré par l'intendance militaire joint à l'insigne de l'*Union* délivré par le Conseil distinguent les Membres de l'*Union* en service actif. Le brassard est revêtu par l'intendant de son cachet et d'un numéro ; l'insigne est aussi numéroté. Une carte portant le nom et la signature de la titulaire, le numéro du brassard et le numéro de l'insigne est délivrée à chaque Membre de l'*Union* en service actif. Cette carte porte en outre les signatures de la Présidente du Conseil ou du Comité et de la Directrice du personnel.

Toutes les mentions spéciales : noms, numéros, etc., sont reproduites sur le registre du personnel.

## DEVOIRS GÉNÉRAUX DES MEMBRES DE L'UNION.

### Art. 65.

Tous les Membres de l'*Union* doivent aux malades et aux blessés de l'armée l'assistance morale autant que matérielle.

Les Membres titulaires sont, dans les établissements de secours de l'*Union*, chargés de la correspondance des malades qui réclament leur assistance, ainsi que de la transmission aux familles de tous les faits et renseignements pouvant les intéresser.

### Art. 66.

Les divers Comités de l'*Union* fonctionnant dans les villes situées sur le passage des trains transportant des malades et des blessés organisent des *stations de rafraîchissement* où sont distribués des aliments et rafraîchissements divers. Ils organisent, de plus, au voisinage des gares autant que possible, des *établissements de repos* destinés à recevoir pendant un à deux jours des malades ou des blessés hors d'état de continuer leur voyage sans prendre de repos. Les hommes ainsi recueillis sont désignés par le médecin chargé du service du ou des trains sanitaires.

### Art. 67.

En toutes circonstances, les Membres de l'*Union* et ses Comités doivent offrir leur concours aux Sociétés de secours existantes, et notamment à la Société de secours aux blessés des armées de terre et de mer dite de la Croix-Rouge et accepter celui qui leur serait offert par elles, pourvu que leurs Membres présentent les garanties de savoir nécessaires pour le bien des malades et du service. Ne sont admises au service auprès des malades et des blessés en dehors des Membres de l'*Union* que les personnes ayant subi un examen permettant d'apprécier leur savoir et leurs aptitudes.

Cet examen consiste en un certain nombre de questions sur les connaissances indispensables à toute personne chargée de la surveillance d'un malade. Il est passé devant deux médecins pris dans la Commission médicale d'enseignement ou parmi les médecins chargés des services de l'établissement de secours et deux Membres titulaires de l'*Union*.

## EXPÉDITIONS ET GUERRES LOINTAINES.

ART. 68.

*En cas de guerre lointaine*, il est immédiatement institué une Commission dite *Commission des envois de secours*.

Cette Commission est composée de la Présidente du Conseil et de la 1re Vice-Présidente, des Membres du Comité de direction et de trois Membres du Conseil désignés par celui-ci et du Secrétaire du Conseil (celui-ci avec voix consultative).

Elle est nommée pour six mois. Les Membres élus sont rééligibles.

Cette Commission peut déléguer ses pouvoirs à trois de ses Membres qu'elle charge de ses décisions *sous sa responsabilité et seulement pour des objets déterminés*.

ART. 69.

Cette Commission se met immédiatement en rapport avec les Ministres de la guerre et de la marine et avec les Directeurs des services de santé de la guerre et de la marine, et, après avoir pris leur avis, elle fait au Comité de direction son rapport sur les envois à faire. Aussitôt votés par celui-ci, ces envois sont préparés et expédiés avec toutes les précautions voulues pour qu'ils arrivent le plus sûrement et le plus rapidement possible à leur destination.

La *Commission des envois de secours* se met en outre, dès sa constitution, en rapport avec les commandants des corps expéditionnaires et les médecins directeurs de leurs services médicaux et, aussi tôt que possible, avec les personnes du pays qui lui auront été désignées comme pouvant dignement et utilement représenter sur place l'*Union des Femmes de France*.

ART. 70.

Ces personnes, une fois acceptées par le Comité directeur et accréditées auprès du commandant en chef et du directeur du service de santé du corps expéditionnaire comme *déléguées de l'Union*, correspondront régulièrement avec la Commission des envois de secours et veilleront à la bonne installation, conservation et répartition des moyens de secours. Des sommes d'argent seront mises à leur disposition pour l'achat des objets reconnus nécessaires par les médecins et qui ne figureraient pas dans les envois faits par l'*Union*, ou bien peut-être dans certains cas remis aux médecins ou aux chefs de corps ou de détachements ou bien enfin pour être remis directement aux hommes.

ART. 71.

La *Commission des envois de secours* est chargée des achats.

Ces achats sont faits au nom de la Société, de gré à gré ou par contrat ou soumission, par trois Membres délégués dans le premier cas, par la Commission réunie dans les suivants.

Les payements sont faits au siège de la Société par la Directrice de la Commission des finances ou sa déléguée munie de pouvoirs spéciaux et au moyen de chèques délivrés par la Directrice de la Commission des finances sur l'établissement financier dépositaire des fonds de roulement de la Société.

Ces chèques devront, pour engager la Société, porter les signatures de la Présidente de la Société, qui est aussi la Présidente de la Commission, et de la Directrice de la Commission des finances.

## ART. 72.

Les objets achetés ou fabriqués au siège social sont marqués à l'estampille de la Société. Autant que possible ils doivent se distinguer par un perfectionnement quelconque ou un aspect particulier témoignant de leur origine et rappelant à celui qui le reçoit qu'ils proviennent d'envois faits par des mères de famille et non par une administration.

La Commission des envois de secours sera aidée dans cette tâche par la Commission du matériel et tous les Membres de l'*Union* qui répondront à l'appel qui devra leur être adressé aussi souvent qu'il sera nécessaire.

## ART. 73.

Sauf exception, les grands approvisionnements doivent être évités.

La nature des objets à envoyer au loin doit être réglée suivant l'époque à laquelle les envois arriveront à destination, suivant les saisons, les climats et les conditions particulières signalées par les médecins des corps expéditionnaires. Ils doivent donc varier plusieurs fois pendant le cours d'une expédition de quelque durée.

## ART. 74.

La *Commission des envois de secours* est chargée de faire appel aux Comités de province et de leur signaler les besoins, la nature des objets à envoyer, leur proportion, leur nombre ou leur quantité, ainsi que les moyens à employer pour les faire parvenir.

Elle sera aidée dans cette tâche par la Commission de Propagande qui entretient des rapports réguliers avec les Comités de province.

## ART. 75.

Elle organise et surveille directement et par ses délégués le service des secours aux rapatriés qui doivent trouver des secours depuis leur départ jusqu'à leur arrivée dans leurs foyers.

ART. 76.

La correspondance avec le commandement ou les directeurs du service de santé des corps expéditionnaires est signée par la Présidente du Conseil de l'*Union*.

ART. 77.

La *Commission des envois de secours* se réunit tous les huit jours avant le Comité de direction et rend compte à celui-ci de ses opérations au début de sa séance.

Un compte-rendu des opérations de la Commission est fait, en outre, chaque mois, au Conseil d'administration.

ART. 78.

La Commission médicale des secours dont il est parlé à l'article 31 du Règlement intérieur siège régulièrement une fois par semaine et plus, s'il est nécessaire, pour distribuer des secours aux rapatriés encore malades.

La Commission du Personnel s'occupe d'eux dans la limite de ses attributions. (Voir l'article 27 du Règlement intérieur).

---

## MODIFICATIONS AU RÈGLEMENT

Le présent Règlement ne peut être modifié que par le Conseil d'administration avec l'assentiment du Comité consultatif.

Les demandes de modifications ne seront examinées par le Conseil qu'à la condition d'être signées par trente Membres titulaires au moins, ou par le Comité de direction, ou par un tiers au moins des Membres du Conseil d'administration, ou par deux Membres du Comité consultatif.

La demande de modification au Règlement devra être portée spécialement à l'ordre du jour de la réunion la plus prochaine. En cas d'urgence, appréciée par le Comité de direction, le Conseil sera convoqué extraordinairement.

La Présidente, saisie d'une proposition de modification au Règlement, devra d'abord prendre l'avis du Comité consultatif ou tout au moins la lui communiquer.

Lorsque le Conseil sera appelé à statuer sur une proposition de modification au Règlement, il ne pourra délibérer valablement que s'il réunit les deux tiers de ses Membres.

Les décisions ne pourront être prises qu'à la majorité des deux tiers des Membres présents.

Le Conseil nommerait au besoin, pour l'étude de la question, soit une commission, soit un rapporteur, et se réunirait alors une deuxième fois, dans les formes indiquées ci-dessus.

Les modifications aux Règlements seront communiquées aussitôt après leur adoption aux Comités de province.

ISSOUDUN — TYPOGRAPHIE A. GAIGNAULT.

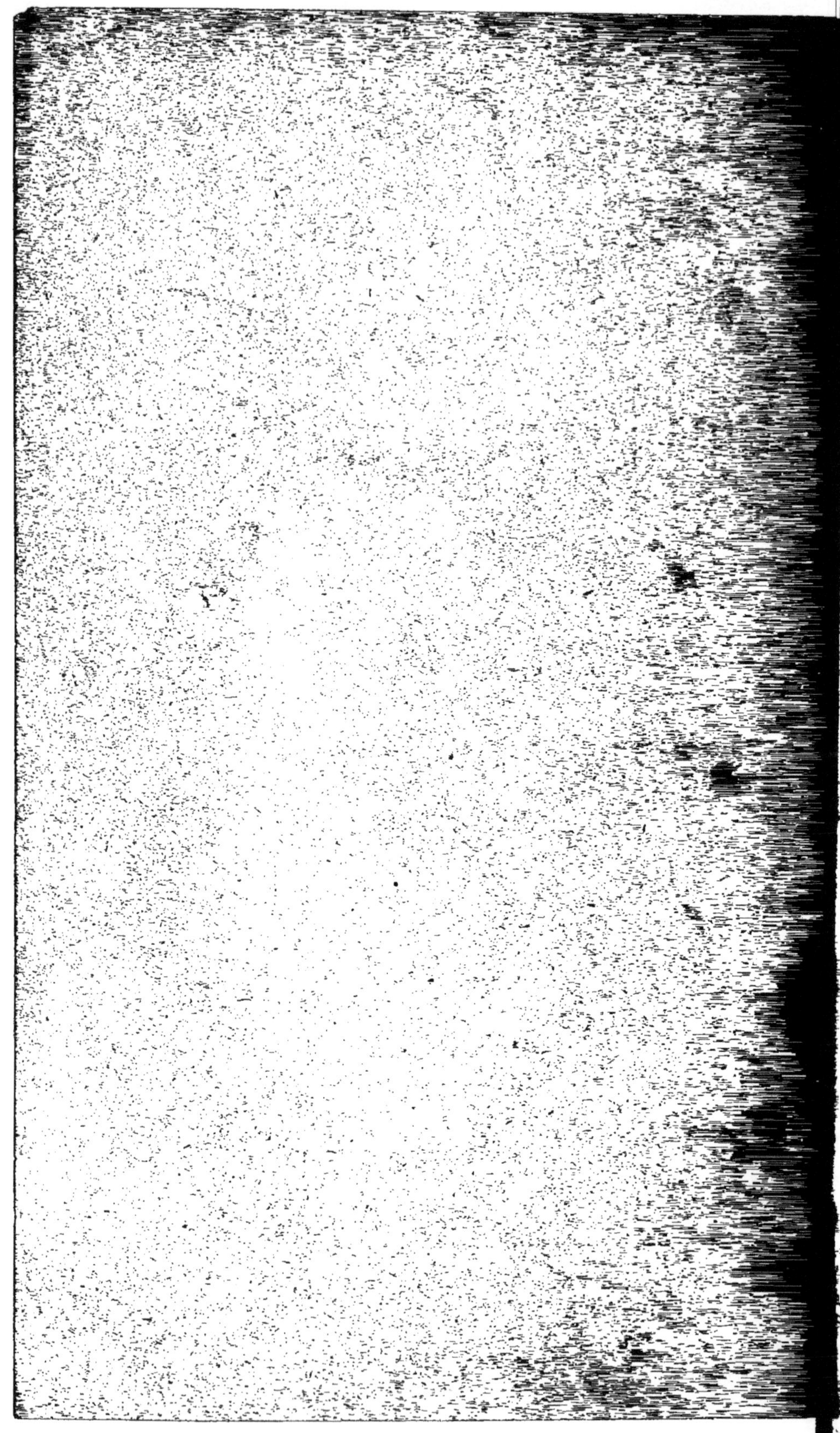

www.ingramcontent.com/pod-product-compliance
Ingram Content Group UK Ltd.
Pitfield, Milton Keynes, MK11 3LW, UK
UKHW020414220726
13923UKWH00004B/1934

9 782019 946944